I LOVE TO TELL THE TRUTH
ICH SAGE GERN DIE WAHRHEIT

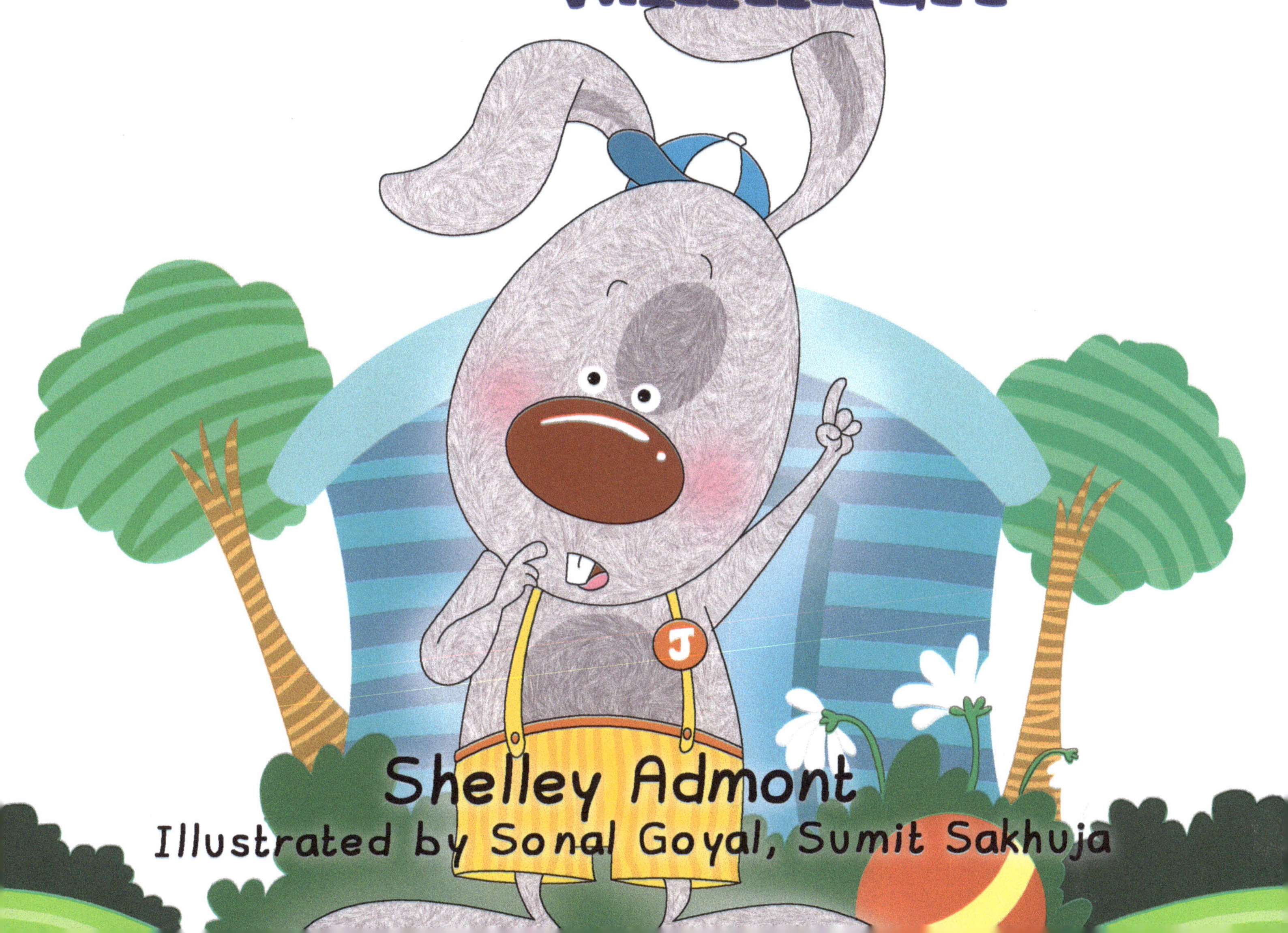

Shelley Admont
Illustrated by Sonal Goyal, Sumit Sakhuja

www.kidkiddos.com
Copyright©2015 by S.A.Publishing ©2017 by KidKiddos Books Ltd.
support@kidkiddos.com

All rights reserved. No part of this book may be reproduced in any form or by any electronic or mechanical means, including information storage and retrieval systems, without written permission from the publisher or author, except in the case of a reviewer, who may quote brief passages embodied in critical articles or in a review.

Alle Rechte vorbehalten. Kein Teil dieses Buches darf in irgendeiner Form oder durch irgendwelche elektronischen oder mechanischen Mitteln, einschließlich Informationen Regalbediengeräte schriftlich beim Verlag, mit Ausnahme von einem Rezensenten, kurze Passagen in einer Bewertung zitieren darf reproduziert, ohne Erlaubnis.
Second edition, 2019

Translated from Englsih by Tess Parthum
Aus dem Englischen übersetzt von Tess Parthum

Library and Archives Canada Cataloguing in Publication
I love to Tell the Truth (German Bilingual Edition)/ Shelley Admont
ISBN: 978-1-5259-1156-9 paperback
ISBN: 978-1-77268-520-6 hardcover
ISBN: 978-1-77268-168-0 ebook

Although the author and the publisher have made every effort to ensure the accuracy and completeness of information contained in this book, we assume no responsibility for errors , inaccuracies, omission, inconsistency, or consequences from such information.
Please note that the German and English versions of the story have been written to be as close as possible. However, in some cases they differ in order to accommodate nuances and fluidity of each language.

For those I love the most-S.A.
Für die, die ich am meisten liebe-S.A.

It was a beautiful summer day. The sun was shining brightly. The birds were chirping. The butterflies and the bees were busy visiting the colorful flowers.

Es war ein wunderschöner Sommertag. Die Sonne schien hell. Die Vögel zwitscherten. Die Schmetterlinge und Bienen flogen fleißig von einer bunten Blume zur nächsten.

Little bunny Jimmy was playing ball in the backyard with his two older brothers. Their mom was watering her favorite daisies.

Der kleine Hase Jimmy spielte gerade mit seinen zwei älteren Brüdern im Garten Ball. Ihre Mama goss ihre liebsten Gänseblümchen.

"Be careful not to go near my flowers, boys," said mom.

„Passt auf dass ihr nicht in die Nähe meiner Blumen kommt, Jungs", sagte Mama.

"Sure mom," yelled Jimmy.

„Sicher, Mama", rief Jimmy.

"Don't worry mom," said the oldest brother. "Your daisies are safe with us."

„Mach dir keine Sorgen, Mama", sagte der älteste Bruder. „Wir achten auf deine Gänseblümchen."

Mom went back to the house while the brothers continued to play outside.

Mama ging zum Haus zurück, während die Brüder draußen weiterspielten.

"Hey, let's play a different game now," said the oldest brother, twisting the ball.

„Hey, lasst uns jetzt ein anderes Spiel spielen", sagte der älteste Bruder und drehte den Ball auf einem Finger.

"What game?" asked Jimmy.

„Welches Spiel?", fragte Jimmy.

The oldest brother thought for a second. "Let's toss the ball in the air and see who gets to catch it first."

Der älteste Bruder dachte eine Sekunde nach. „Lasst uns den Ball in die Luft werfen und sehen, wer es zuerst schafft, ihn zu fangen."

"I like that," said Jimmy cheerfully.

„Das gefällt mir", sagte Jimmy fröhlich.

"Let's start," cried the middle brother. "Throw the ball now."

„Lasst uns anfangen", rief der mittlere Bruder. „Los, wirf den Ball."

The oldest brother threw the ball up in the air as hard as he could.

Der älteste Bruder warf den Ball in die Luft, so fest er konnte.

All the bunnies looked up with their mouths open as the big orange ball quickly flew up. Soon, it began to fall back towards the ground.

Alle Häschen schauten mit offenem Mund zu, wie der große orangefarbene Ball schnell nach oben schoss. Bald wandte er sich wieder Richtung Boden.

Stretching out their hands, the brothers waited eagerly.

Die Brüder streckten die Hände aus und warteten gespannt.

When the ball was about to hit the ground, the older brothers ran to catch it.

Als der Ball kurz davor war den Boden zu berühren, rannten die älteren Brüder los, um ihn zu fangen.

In a flash, Jimmy leapt forward and reached the ball before them. "Hurray! I win!"

Blitzschnell machte Jimmy einen Satz nach vorne und erreichte den Ball vor ihnen. „Hurra! Ich habe gewonnen!"

He jumped in joy and started to run around the backyard in excitement.

Er hüpfte vergnügt und begann, aufgeregt im Garten herumzurennen.

Suddenly, he tripped over a small rock and fell flat on the ground … right in the middle of his mom's favorite daisy plants.

Plötzlich stolperte er über einen kleinen Felsbrocken und fiel flach auf den Boden… mitten in die liebsten Gänseblümchen seiner Mama.

"Ouch!" yelled Jimmy, lifting his head out of the wet soil.

„Autsch!", schrie Jimmy und hob seinen Kopf aus der feuchten Erde.

His oldest brother ran over and helped him back to his feet. "Jimmy, are you hurt?" he asked.

Sein ältester Bruder rannte herbei und half ihm wieder auf die Füße. „Jimmy, bist du verletzt?", fragte er.

"No… I think I'm fine," said Jimmy.

„Nein… ich glaube, es geht mir gut", sagte Jimmy.

All three bunnies looked sadly at their mom's favorite flowers, which were now crushed. Some of them were broken.

Alle drei Hasen schauten traurig auf die Lieblingsblumen ihrer Mama, die nun zerdrückt waren.

"Mom will not be happy to see this," murmured the oldest brother quietly.

„Mama wird nicht glücklich sein, wenn sie das sieht", murmelte der älteste Bruder leise.

"That's for sure," agreed the middle brother.

„Mit Sicherheit", stimmte der mittlere Bruder zu.

"Please, please, don't tell mom that I did this. Pleeeeeaaaase…" begged Jimmy, slowly moving away from the ruined daisies.

„Bitte, bitte erzählt Mama nicht, dass ich das getan habe. Biiiitte…", bettelte Jimmy, während er sich langsam von den zerstörten Gänseblümchen entfernte.

That moment, their mom came running out from the house. "Kids, what happened? I just heard someone scream. Are you all OK?"

In dem Moment kam ihre Mama aus dem Haus gelaufen. „Kinder, was ist passiert? Ich habe gerade jemanden schreien hören. Ist bei euch alles in Ordnung?"

"We're fine, mom" said the oldest brother. "But your flowers…"

„Uns geht es gut, Mama", sagte der älteste Bruder. „Aber deine Blumen…"

It wasn't until that moment that their mom noticed the ruined flowerbed. She sighed. "How did this happen?" she asked, her shoulders drooping.

Erst in diesem Augenblick bemerkte ihre Mama das verwüstete Blumenbeet. Sie seufzte. „Wie ist das passiert?", fragte sie und ließ die Schultern hängen.

"It was aliens," Jimmy hastened to answer. "They came from… out there…" He pointed to the sky. "I saw them walking over your little daisy garden. Really, mom."

„Es waren Außerirdische", antwortete Jimmy rasch. „Sie kamen von… von dort…" Er zeigte zum Himmel. „Ich habe sie über deinen kleinen Gänseblümchengarten laufen sehen. Wirklich, Mama."

Mom raised her eyebrow and looked into Jimmy's eyes. "Aliens?"

Mama hob ihre Augenbraue und sah Jimmy in die Augen. „Außerirdische?"

"Yes, and they flew away in their spaceship."

„Ja, und sie sind mit ihrem Raumschiff weggeflogen."

Mom sighed again. "It's good that they flew away," she said, "because now it's time for dinner. Don't forget to wash your hands. And Jimmy…"

Mama seufzte erneut. „Es ist gut, dass sie weggeflogen sind", sagte sie, „denn jetzt wird es Zeit für das Abendessen. Vergesst nicht, eure Hände zu waschen. Und Jimmy…"

During the dinner, Jimmy was very quiet. He felt uncomfortable. He couldn't eat and he couldn't drink. He didn't even want to try his favorite carrot cake.

Während des Abendessens war Jimmy sehr still. Er fühlte sich unwohl. Er konnte nichts essen und er konnte nichts trinken. Er wollte nicht einmal seinen liebsten Karottenkuchen probieren.

At night, Jimmy couldn't sleep. Something didn't feel right. Getting up, he approached his oldest brother's bed.

Am Abend konnte Jimmy nicht schlafen. Etwas fühlte sich nicht richtig an. Er stand auf und ging zum Bett seines ältesten Bruders.

"Hey, are you sleeping?" he whispered.

„Hey, schläfst du?", flüsterte er.

"Jimmy, what happened?" mumbled his oldest brother, slowly opening his sleepy eyes. "Go back to your bed."

„Jimmy, was ist passiert?", brummte sein ältester Bruder und öffnete langsam seine verschlafenen Augen. „Geh wieder in dein Bett."

"I can't sleep. I keep thinking about mom's flowers," said Jimmy quietly. "I should have been careful with them."

„Ich kann nicht schlafen. Ich denke die ganze Zeit an Mamas Blumen", sagte Jimmy leise. „Ich hätte vorsichtig mit ihnen umgehen müssen."

"Oh, that was an accident," said the oldest brother. "Don't worry. Go back to sleep!"

„Oh, das war ein Unfall", sagte der älteste Bruder. „Mach dir keine Sorgen. Geh wieder schlafen!"

"But I should not have lied to mom," said Jimmy still staying there.

„Aber ich hätte Mama nicht anlügen sollen", sagte Jimmy und blieb immer noch da.

The oldest brother sat up on his bed. "Yes," he agreed. "You should have told her the truth."

Der älteste Bruder setzte sich in seinem Bett auf. „Ja", stimmte er zu. „Du hättest ihr die Wahrheit sagen sollen."

"I know," said Jimmy, shrugging his shoulders. "What am I going to do now?"

„Ich weiß", sagte Jimmy und zuckte mit den Schultern. „Was soll ich jetzt tun?"

"For now, go to sleep. And in the morning, you will tell mom the truth. Deal?"

„Jetzt gehst du erst einmal schlafen. Und morgen früh sagst du Mama die Wahrheit. Einverstanden?"

The next morning, he woke up very early, jumped out of his bed, and ran looking for his mom. She was in the backyard.

Am nächsten Morgen wachte er sehr früh auf, sprang aus seinem Bett und rannte los, um nach seiner Mama zu suchen. Sie war im Garten.

"Mommy," Jimmy called. "I was the one who ruined your flowers, not the aliens." He ran over and hugged his mom.

„Mami", rief Jimmy. „Ich war es, der deine Blumen kaputt gemacht hat, nicht die Außerirdischen." Er rannte hinüber und umarmte seine Mama.

Mom hugged him back and replied, "I'm so happy that you told the truth. I know it wasn't easy, and I'm proud of you, Jimmy."

Mama umarmte ihn ebenfalls und erwiderte: „Ich bin so glücklich, dass du die Wahrheit gesagt hast. Ich weiß, dass es nicht leicht war, und ich bin stolz auf dich, Jimmy."

"Please don't be sad about the flowers. We'll think of something," said Jimmy.

„Bitte sei nicht traurig wegen der Blumen. Wir lassen uns etwas einfallen", sagte Jimmy.

Mom shook her head. "I was not worried about the flowers. I was sad about you not telling me the truth."

Mama schüttelte den Kopf. „Ich habe mir keine Sorgen um die Blumen gemacht. Ich war traurig, weil du mir nicht die Wahrheit gesagt hast."

"I'm sorry, mom," said Jimmy. "I won't lie again."

„Es tut mir leid, Mama", sagte Jimmy. „Ich werde nicht wieder lügen."

After breakfast, Jimmy and his dad went to buy some daisy seedlings, and the whole family helped mom plant them.

Nach dem Frühstück gingen Jimmy und sein Papa ein paar neue Gänseblümchensamen kaufen und die ganze Familie half Mama dabei, sie einzupflanzen.

Jimmy learned that telling the truth makes him and his family happy. That's why from that day on, he always tells the truth.

Jimmy lernte, dass es ihn und seine Familie glücklich macht, die Wahrheit zu sagen. Deshalb sagt er von diesem Tag an immer die Wahrheit.